KNISTER (Hrsg.)
Hexe Lillis
lustigste Witze für Erstleser

Dieses Buch gehört:

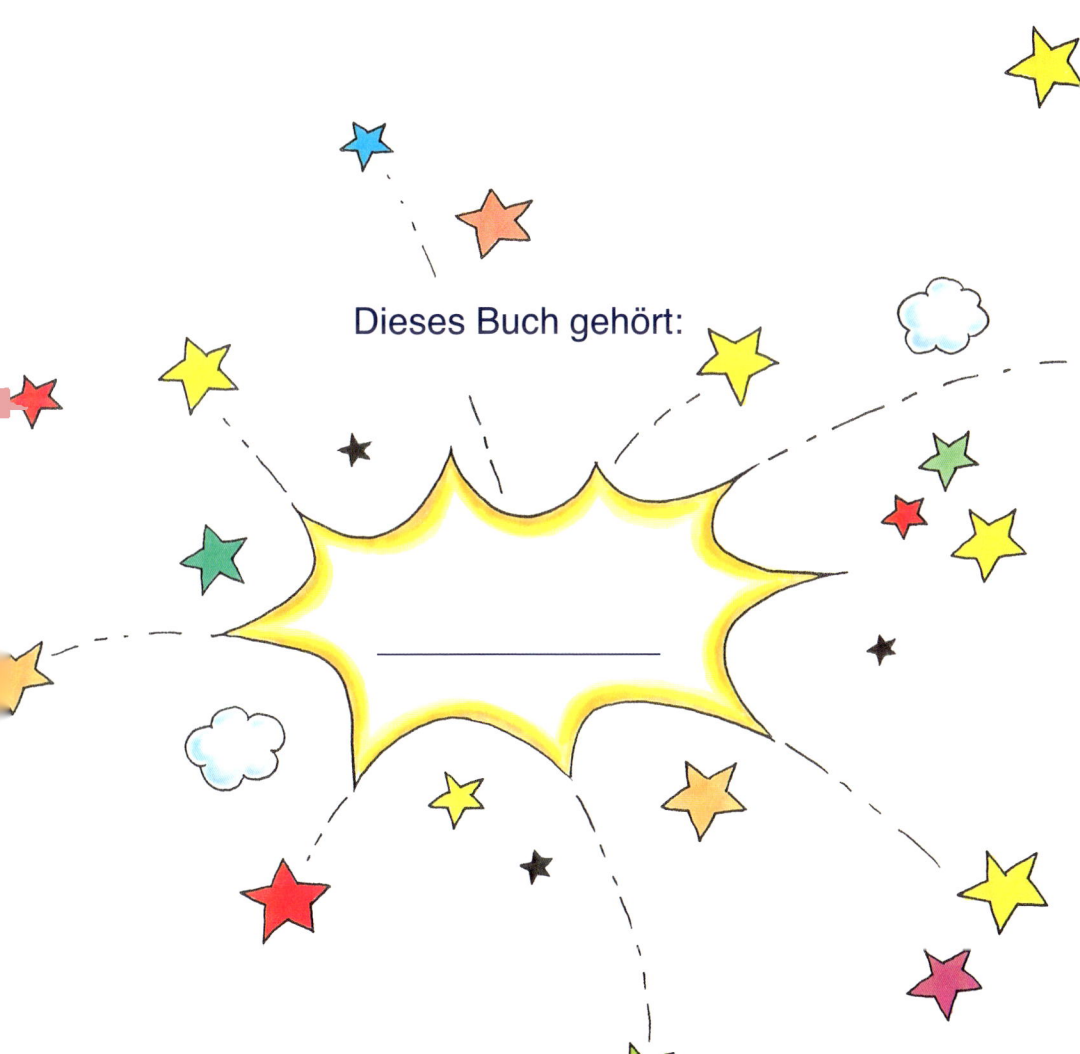

KNISTER
ist einer der bekanntesten und erfolgreichsten deutschen Kinderbuchautoren. Sein Gesamtwerk hat eine weltweite Auflage von über 26 Millionen erreicht. In rund 40 Sprachen wurden KNISTERs Bücher übersetzt und seine Bestsellerserie „Hexe Lilli" gibt es inzwischen auch als Theaterstück, TV-Zeichentrickserie und als Kinospielfilm. KNISTERs Kindererzählung „Die Sockensuchmaschine" ist eine der meistgelesenen Lektüren in der Grundschule.
Mehr Spannendes über den Autor, der auch Musiker ist und der als seine Lieblingsfarbe „Bunt" angibt, findest du unter
www.knister.com

Birgit Rieger
ist im Harz aufgewachsen, wo sich bekanntermaßen die Hexen scharenweise tummeln. Kein Wunder, dass sie Lilli gleich in ihr Herz geschlossen hat, als sie 1992 zum ersten Mal von ihr las. Inzwischen haben Birgits Hexe-Lilli-Zeichnungen die Kinder auf der ganzen Welt verzaubert. Die Kinderbuchillustratorin lebt mit ihrem Mann in Berlin.

KNISTER (Hrsg.)

Hexe Lillis lustigste Witze für Erstleser

Mit Bildern von Birgit Rieger

Arena

Ein Verlag in der *westermann* GRUPPE

1. Auflage 2020
© 2020 Arena Verlag GmbH
Rottendorfer Str. 16, D-97074 Würzburg
Alle Rechte vorbehalten
Einband und Innenillustrationen: Birgit Rieger
Gesamtherstellung: Westermann Druck Zwickau GmbH
Printed in Germany
ISBN 978-3-401-71663-3

Besuche den Arena Verlag im Netz:
www.arena-verlag.de

Inhalt

Hexe Lillis beste Schülerwitze   10

Hektors Lieblingswitze   19

Hexe Lillis liebste Tierwitze   27

Das Allerbeste
aus Lillis Witzekiste   40

Hexe Lillis beste Schülerwitze

Leon kommt bald
in die Schule.
Die Nachbarin fragt:
„Leon, kannst du denn
schon das Abc?"
„Na klar", sagt Leon,
„schon bis hundert!"

Lillis Lehrerin Frau Grach fragt:
„Was ist Wind?"
Daraufhin sagt Lilli:
„Das ist Luft,
die es eilig hat!"

„Wie viel ist drei plus vier?",
fragt Frau Grach.
Finn antwortet: „Sieben."
„Prima", sagt Frau Grach.
„Dann bekommst du von mir
sieben Gummibärchen."
„Du Depp", ruft Laura,
„hättest du doch zehn gesagt!"

„Ist eure neue Lehrerin eigentlich streng?", fragt Hektor Lilli. „Streng ist gar kein Ausdruck!", sagt Lilli und seufzt. „Sie motzt sogar unsere Aquariumfische an, wenn sie nicht herschauen!"

Frau Grach fragt: „Wer weiß,
warum es in Holland
so viele Windmühlen gibt?"
„Ich weiß es!",
ruft Lilli.
„Damit die Kühe
immer frische
Luft haben."

Die Klasse schreibt einen Aufsatz
mit dem Thema „Auf dem Schulweg".
Till gibt ein leeres Blatt ab.
Fragt die Lehrerin:
„Was soll das denn, Till?"
Antwortet der Junge:
„Ich bin der Sohn
des Hausmeisters."

Der englische Gastschüler fragt:
„Ist schlagen und prügeln
eigentlich dasselbe?"
„Na, klar!", antwortet Mona.

„Und warum lachen
dann immer alle,
wenn ich sage,
es hat zwölf Uhr
geprügelt?"

Die Lehrerin erklärt,
dass man nicht „Er tut singen" sagt,
sondern „Er singt".
Da meldet sich Jonas:
„Frau Grach,
darf ich nach Hause gehen?
Mein Bauch weht."

Fragt die Lehrerin:
„Lilli, sag mir doch mal:
Zu welcher Familie
gehören die Wale?"
Lilli kratzt sich am Kopf
und sagt: „Ich kenne
überhaupt keine Familie,
die einen Wal hat,
Frau Grach!"

Es kommt ein neuer Lehrer
in die Klasse. Er sagt:
„Guten Morgen.
Mein Name ist Stein,
und ich bin auch
hart wie Stein.
Und wie heißt du?"
„Moritz Steinbeißer."

Die Lehrerin sagt:
„Sehen Sie, Herr Direktor,
da lümmeln sich wieder die Schüler
zum Fenster hinaus!"
„Unglaublich, unglaublich!",
sagt der Direktor.
„Und wenn einer hinausfällt,
will es wieder
keiner gewesen sein!"

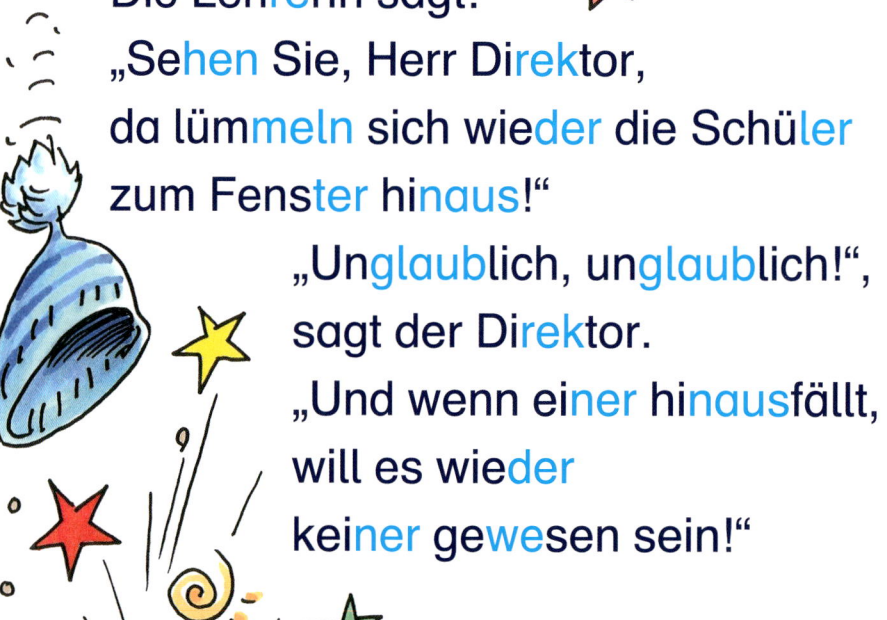

Frau Grach fragt
im Sachkundeunterricht
nach Waldtieren.
Da meldet sich Jonas
und zählt auf:
„Rehchen, Häschen, Füchschen ..."
Die Lehrerin sagt:
„Lass doch mal
das ‚chen' weg."
Darauf Jonas: „Eichhörn."

„Finden Sie nicht auch",
fragt die Mutter,
„dass mein Sohn
besonders begabt ist?
Er hat immer
so witzige Einfälle."
„Ja, das finde ich auch",
sagt die Lehrerin,
„besonders beim
Diktatschreiben..."

Hektors Lieblingswitze

Gehen zwei Erbsen spazieren.
Sagt die eine: „Achtung,
da ist eine Trepp-pe-pe-pe-pe..."

Zwei Luftballons
fliegen über die Wüste.
Ruft der eine: „Achtung,
ein Kaktus!"
Daraufhin sagt der andere:
„Macht nichtsssssssssssss..."

Gehen zwei Sandkörner
durch die Wüste.
Sagt das eine zum anderen:
„Mensch, ist das
voll hier!"

Sagt der Hase zum Schneemann:
„Möhre her oder ich föhne dich!"

Treffen sich zwei Tomaten
auf der Straße. Sagt die eine:
„Guten Tag, Frau Tomate!"
In dem Moment
braust ein Auto vorbei.
Antwortet die andere Tomate:
„Guten Tag, Frau Ketchup!"

„Was ist grün, haarig
und fährt immer
rauf und runter?"
„Stachelbeere im Aufzug."

Ein Junge steht auf einer Brücke
und heult.
Da kommt ein Polizist vorbei
und fragt: „Kleiner,
was hast du denn?"
Sagt der Junge schluchzend:
„So ein Großer hat
mein Pausenbrot
in den Fluss geworfen!"
Fragt der Polizist:
„War es mit Absicht?"
„Nein, mit Käse!"

Laufen zwei Zahnstocher
durch den Wald.
Da kommt ein Igel vorbei.
Meint der eine Zahnstocher
zum anderen:
„Mensch, warum hast du
denn nicht gesagt,
dass hier ein Bus fährt!"

Stehen zwei Kühe auf der Weide.
Sagt die eine Kuh: „Muh."
Darauf die andere:
„Das wollte ich auch
gerade sagen!"

Eine Frau kommt
in einen Spielzeugladen
und sagt zum Verkäufer:
„Ich hätte gerne ein Geduldspiel –
aber ein bisschen zack, zack!"

Sagt Leon: „Du, Mama,
weißt du eigentlich,
wie viel Zahnpasta
in einer Tube ist?"
Mama schüttelt den Kopf.
Daraufhin sagt Leon:
„Ich aber!
Sie reicht genau
vom Waschbecken
bis hinters Sofa."

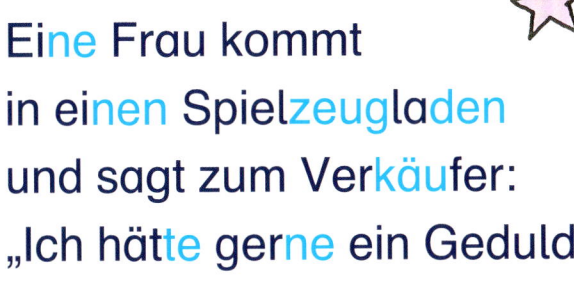

„Sie müssen Diät halten",
sagt der Arzt. „Was sind Sie denn
von Beruf?"
„Schwertschlucker."
„Okay, dann ab heute
nur noch Obstmesser."

Lilli fragt Leon:
„Warum fährt der Bauer denn heute
mit einer Walze übers Feld?"
Leon sagt: „Vielleicht will er
Kartoffelbrei züchten!"

„Wie geht es deinem Goldfisch?
Ist er noch krank?"
„Nein, er ist schon wieder
auf den Beinen!"

Kommt ein Mann
in ein Möbelgeschäft und sagt:
„Schauen Sie sich mal
diesen Stuhl an!
Den habe ich gestern erst gekauft
und heute ist er bereits
aus dem Leim gegangen!"
Der Verkäufer begutachtet
das Möbelstück.
„Tja", sagt er,
„sieht ganz so aus,
als hätte sich da
jemand draufgesetzt!"

Auf der Polizeistation
klingelt das Telefon:
„Kommen Sie sofort,
es geht um Leben und Tod.
Hier in der Wohnung ist ein Hund!"
„Wer ist denn da am Apparat?"
„Die Katze."

Hexe Lillis liebste Tierwitze

Zwei Mäusekinder unterhalten sich.
Plötzlich fliegt eine Fledermaus
über sie hinweg.
Darauf sagt das eine Mäusekind
zum anderen:
„Wenn ich groß bin,
werde ich auch Pilot!"

Fragt der kleine Timmi
seinen großen Bruder:
„Was würde dieser Tiger
wohl sagen,
wenn er sprechen könnte?"
Timmis Bruder
weiß die Antwort sofort:
„Er würde sagen:
Du kleiner Blödmann,
ich bin ein Leopard."

Die Schlange hat Bauchweh.
Sie jammert:
„Ich hätte den Mann
ohne das Fahrrad
fressen sollen!"

Beim Zoobesuch sagt Mama besorgt:
„Lilli, geh sofort
von den Löwen weg!"
Lilli sagt empört:
„Wieso? Ich tue
ihnen doch
gar nichts!"

Eine Frau sagt zu Marie:
„Ich habe es genau gesehen.
Du hast meinem Hund
die Zunge rausgestreckt!"
„Das stimmt!", sagt Marie.
„Aber Ihr Hund
hat damit angefangen!"

Ein Ritter schläft unter einem Baum.
Da kommt ein Löwe vorbei
und sagt: „Igitt,
schon wieder Dosenfutter!"

Mona macht mit ihren Eltern
einen Ausflug in den Zoo.
Vor dem Gehege der Kamele
fragt Mona:
„Wer ist denn nun
der Kamelvater
und wer die Kamelmutter?"
Darauf antwortet Monas Mutter:
„Merk dir eins, Mona,
das größere Kamel
ist immer der Vater!"

Kommt ein Frosch in einen Laden.
Fragt der Verkäufer:
„Was darf es denn sein?"
Sagt der Frosch:
„Quark!"

Familie Frosch trifft
auf ihrem Ausflug
einen Storch.
„Wau, wau, wau!",
bellt die Froschmutter.
Der Storch fliegt sofort davon.
„Seht ihr, Kinder",
sagt die Froschmutter,
„so wichtig sind Fremdsprachen!"

Zwei Spatzen picken
an einem Pferdeapfel herum.
Fragt der eine:
„Soll ich dir mal
einen Witz
erzählen?"
Sagt der andere:
„Ja, aber bitte nicht wieder einen,
der mir den Appetit verdirbt!"

Im Pferdestall hängen zwei Schilder.
Auf dem oberen steht:
„Bitte das Pferd nicht füttern.
Der Bauer."
Und auf dem unteren steht:
„Bitte das obere Schild
nicht beachten.
Das Pferd."

Wie kommt die Ameise über den Fluss?
Sie nimmt das A weg und fliegt.

Sagt die Holzwurmmutter am Abend zu ihrem Kind: „Nun aber husch, husch in dein Brettchen!"

Leon fragt: „Was fliegt rückwärts und macht MUS MUS?"
Lilli weiß die Antwort: „Biene im Rückwärtsgang!"

Ein Mädchen
will unbedingt zum Zirkus.
Sie sagt zum Zirkusdirektor:
„Ich kann einen Vogel
nachmachen!"
Der Zirkusdirektor
lehnt ab und sagt:
„Das ist ja langweilig!"
„Na gut", antwortet das Mädchen
und fliegt zum Fenster hinaus.

Leon hat seine erste Reitstunde.
Er sitzt auf einem Pony.
Das Pony fängt an zu traben.
Dann galoppiert es.
Leon rutscht nach hinten.
Jetzt hält er sich nur noch
am Schwanz fest.
Panisch ruft er:
„Bringt mir ein neues Pony!
Dieses hier ist zu Ende!"

Stehen zwei Schafe auf der Wiese.
Sagt das eine: „Mäh!"
Sagt das andere:
„Mäh doch selber!"

„Julius, wohin willst du denn
mit dem Regenwurm?", ruft Mama.
Sagt Julius:
„Ach weißt du, Mama,
wir haben draußen so schön
zusammen gespielt.
Und jetzt will ich ihm
mein Zimmer zeigen."

Gehen ein Elefant und eine Maus
durch die Wüste.
Der Elefant schwitzt,
die Maus läuft in seinem Schatten.
Da sagt die Maus:
„Du, wenn du willst,
können wir auch mal wechseln . . ."

Schlendert ein Tier durch den Wald
und trifft ein anderes Tier,
das es nicht kennt.
„Wer bist du denn?",
fragt es.
„Ich bin ein Wolfshund",
lautet die Antwort.
„Wolfshund – wie geht das denn?",
fragt das Tier.
„Ganz einfach",
sagt der Wolfshund,
„mein Vater ist ein Wolf
und meine Mutter ein Hund.
Und was bist du für einer?"
„Ich bin ein Ameisenbär."

Das Allerbeste aus Lillis Witzekiste

Sagt Jonas zu Mona:
„Mit der neuen Brille
siehst du total doof aus."
Mona antwortet empört:
„Aber ich habe doch
gar keine neue Brille!"
„Nee", sagt Jonas, „aber ich!"

Bei Hektor zu Hause
gibt es Wackelpudding.
Sagt Hektor zum Pudding:
„Ja, zittere nur.
Ich esse dich
trotzdem!"

Sitzt eine alte Dame
im Park auf der Bank.
Da kommt Simon vorbei
und sagt:
„Die Bank ist frisch gestrichen!"
Die alte Dame
legt eine Hand ans Ohr
und fragt: „Wie?"
Da sagt Simon: „Lila."

Papa liest Benny
eine Gutenachtgeschichte vor.
Leise steckt Mama
den Kopf zur Tür hinein
und fragt flüsternd:
„Ist er eingeschlafen?"
„Ja, endlich!",
flüstert Benny zurück.

Leon quengelt:
„Ich mag keinen Käse
mit Löchern."
Da sagt Lilli:
„Dann iss doch
nur den Käse,
und lass
die Löcher liegen!"

Sagt Hektor: „Heute Nacht
habe ich geträumt, ich würde
einen riesigen Champignon essen."
Erwidert Lilli:
„Das ist doch ein schöner Traum!"
Daraufhin meint Hektor:
„Aber als ich aufwachte,
war mein Kopfkissen
verschwunden!"

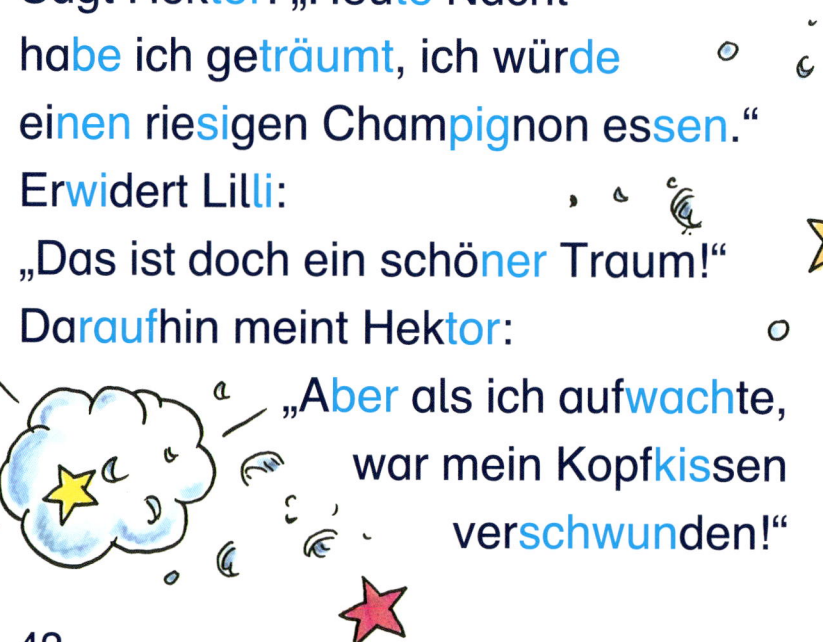

„Was macht ihr denn
im Karatekurs?",
fragt Mona.
„Wir zerschlagen
mit der Handkante
einen Ziegelstein",
antwortet Andreas.
„Und wofür braucht man das?",
fragt Mona.
„Na, falls man mal überfallen wird,
dann kann man sich wehren."
Mona macht große Augen:
„Aber wann wird
man denn schon einmal
von einem Ziegelstein
überfallen?"

„Treibst du Sport?",
wird Hektor gefragt.

„Klar", sagt der pummelige Hektor,

„ich spiele Fußball,
schwimme,
mache Ballett
und Bergsteigen."
„Das ist ja toll!
Und wann
machst du das alles?"
Da grinst Hektor und sagt:
„Morgen fange ich damit an!"

Ein Mann kommt zum Arzt
und erzählt, er sei
von der Leiter gefallen.
Daraufhin fragt der Arzt: „Hoch?"
Der Mann regt sich auf:
„Nee, runter, Sie Blödmann."

Eine Mutter bringt ihre Zwillinge
Max und Moritz ins Bett.
Nach dem Baden lacht Max
und kann gar nicht mehr aufhören.
Da fragt die Mutter:
„Warum lachst du denn so?"
Daraufhin prustet Max: „Du hast
Moritz zweimal gebadet
und mich
gar nicht!"

„Das war schon sehr gut, Leon!", ruft der Reitlehrer in der Reitstunde. „Aber wenn du das nächste Mal über ein Hindernis springst, solltest du das Pferd mitnehmen!"

Welches Tier kann höher springen als der Eiffelturm? Jedes! Hast du den Eiffelturm schon mal springen sehen?

Ein Mann geht zum Arzt und sagt: „Herr Doktor, mir wird bei der Arbeit immer so schwindelig!" Daraufhin erwidert der Arzt: „Dann setzen Sie sich doch zwischendurch mal hin." „Das geht nicht", jammert der Patient. „Ich bin nämlich Seiltänzer."

Eine Fußballmannschaft
fliegt nach Amerika.
Aus Langeweile
beginnen die Fußballer,
in der Flugzeugkabine zu kicken.
Dadurch wackelt das Flugzeug so,
dass der Pilot
es kaum noch steuern kann.
Er schickt den Co-Piloten
in die Kabine.
Nach zwei Minuten ist Ruhe.
„Wie hast du das denn gemacht?",
fragt der Pilot seinen Kollegen.
„Ganz einfach", sagt der Co-Pilot.
„Ich habe gesagt: „Jungs, es ist so
schönes Wetter.
Spielt doch einfach
vor der Tür!"

Mona sagt zu Jonas:
„Hier sind die drei Euro,
die du mir letzte Woche
geliehen hast!"
Da antwortet Jonas:
„Danke! Das hatte ich ja
total vergessen!"
Mona mault: „Mensch,
hättest du mir das nicht vorher
sagen können?"

Sagt der Polizist zu dem Kind
mit dem Fahrrad:
„Du hast ja kein Vorderlicht
und kein Rücklicht.
Und eine Bremse auch nicht!"
Antwortet das Kind:
„Schauen Sie mal,
der Fußgänger da drüben!
Der hat noch nicht mal
ein Fahrrad!"

Fragt Lilli Leon: „Weißt du,
wo Katzen wohnen?"
Sagt Leon: „Im Miezhaus
natürlich!"

Leon fragt Lilli: „Weißt du,
wie lange Krokodile leben?"
Antwortet Lilli:
„Genauso lange
wie kurze."

Der Autor

Guten Tag!
Ich bin **KNISTER**, der die Hexe Lilli geschrieben hat. Ich möchte euch gerne mehr über meine Bücher erzählen. Die schreibe ich übrigens zu Hause oder auf einem Segelboot. Besucht mich doch im Internet unter www.knister.de

Für den Arena Verlag habe ich einen ganzen Stapel spannender Bücher verfasst:

- ◊ Lustige Erstlese-Bücher
- ◊ Spannende Kinderromane

- ◊ Eine abenteuerliche Reise durch die Zeit
- ◊ Die Geisterfalle

Die Sockensuchmaschine

Arena

www.arena-verlag.de

Kinderromane ab 7

ZAWUSCH ins Abenteuer mit Hexe Lilli!

Hexe Lilli stellt die Schule auf den Kopf
978-3-401-06937-1

Hexe Lilli und das magische Schwert
978-3-401-06945-6

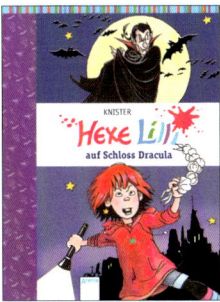

Hexe Lilli auf Schloss Dracula
978-3-401-06946-3

Hexe Lilli auf der Jagd nach dem verlorenen Schatz
978-3-401-06947-0

Hexe Lilli und der schreckhafte Wikinger
978-3-401-06949-4

Hexe Lilli im Land der Dinosaurier
978-3-401-06950-0

Hexe Lilli fliegt zum Mond
978-3-401-06951-7

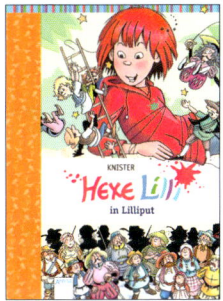

Hexe Lilli in Lilliput
978-3-401-06952-4

Hexe Lilli und Hektors verzwickte Drachenprüfung
978-3-401-06953-1

Hexe Lilli im Wunderland
978-3-401-06954-8

Hexe Lilli und das leuchtende Einhorn
978-3-401-71189-8

Hexe Lilli auf der Ponyinsel
978-3-401-70895-9

Alle Bände durchgehend farbig!

www.knister.de
www.arena-verlag.de

Jeder Band:
Ab 7 Jahren • Gebunden
Mit farbigen Illustrationen von Birgit Rieger